AF322197

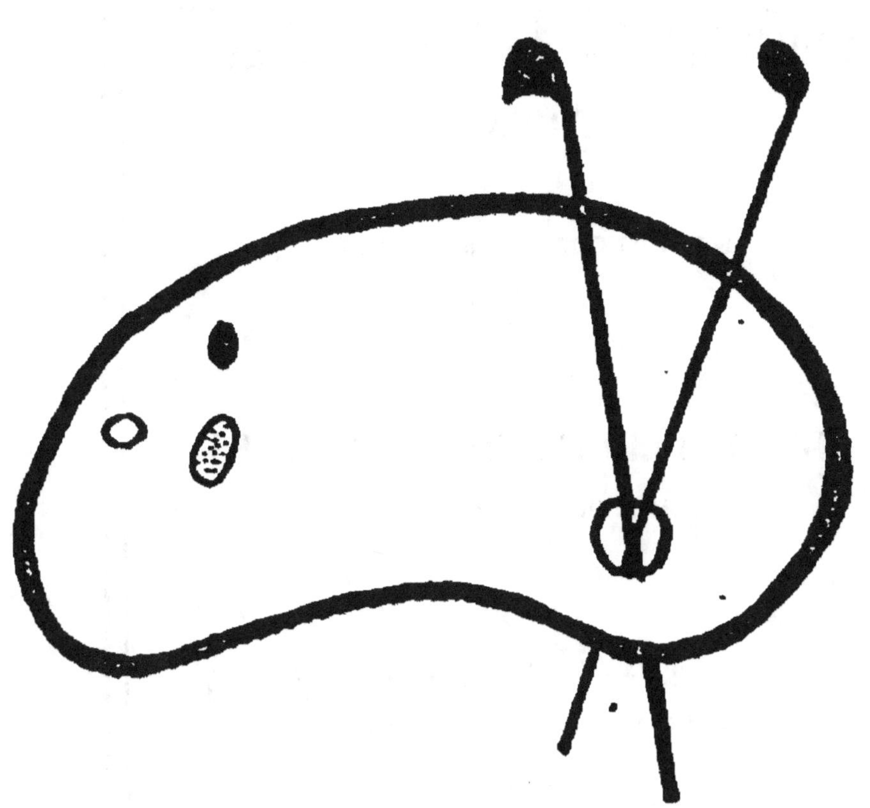
DEBUT D'UNE SERIE DE DOCUMENTS
EN COULEUR

EXPOSITION UNIVERSELLE DE 1878

ASSOCIATION INTERNATIONALE

AFRICAINE

SECTION FRANÇAISE

ENTRETIEN

DE M. FERDINAND DE LESSEPS

Président élu de la section française.

PRIX : 0 fr. 25 CENTIMES

AU PROFIT DE L'ASSOCIATION

PARIS
IMPRIMERIE TYPOGRAPHIQUE DE A. POUGIN
13, QUAI VOLTAIRE, 13
—
1878

PARIS — IMPRIMERIE A. POUGIN, 13, QUAI VOLTAIRE — 12021

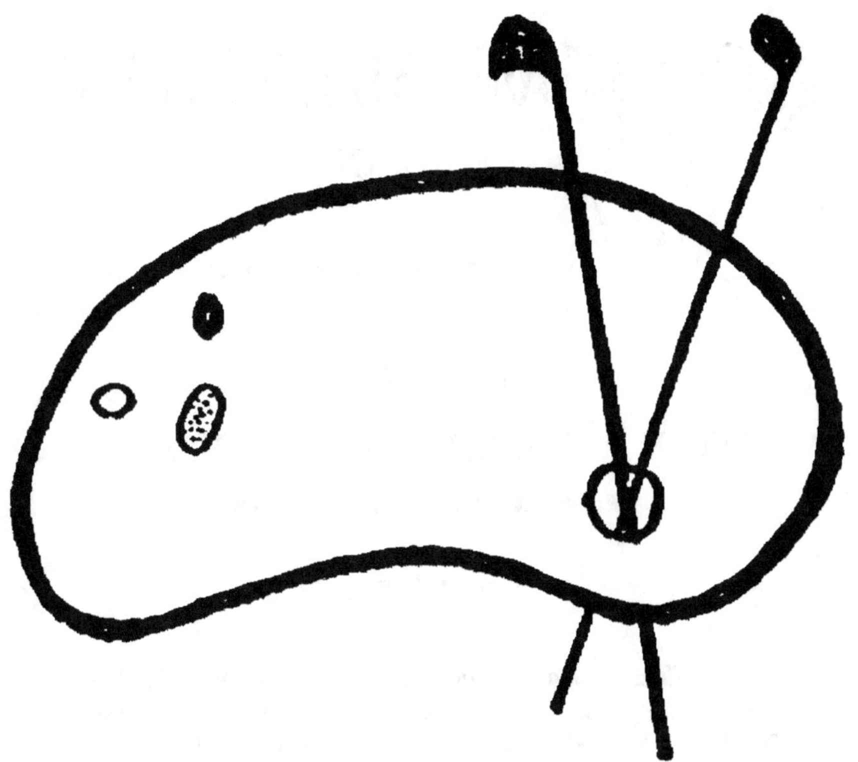

FIN D'UNE SERIE DE DOCUMENTS
EN COULEUR

ASSOCIATION INTERNATIONALE

AFRICAINE

SECTION FRANÇAISE

ENTRETIEN

DE M. FERDINAND DE LESSEPS

Président élu de la section française.

Une salle de la maison égyptienne (*parc du Trocadéro*) a été consacrée à l'exposition spéciale de l'Association internationale africaine. *Dans cette salle, tous les samedis, M. Ferdinand de Lesseps donne des explications publiques sur le but, les résultats et les promesses de l'Association.*

Cette brochure reproduit, d'après la sténographie, l'un des entretiens de M. Ferdinand de Lesseps.

Elle est vendue au bénéfice de la Section française de l'Association.

Paris. — Typ. A. Pougin, 13, quai Voltaire. — 1884

Extrait du voyage au Zambèze par Livingston (*Tour du Monde*).

ENTRETIEN DE M. DE LESSEPS

A L'EXPOSITION UNIVERSELLE

SUR L'ASSOCIATION INTERNATIONALE AFRICAINE

(6 juillet 1878)

Il y a vingt-cinq ans, on ne connaissait pas l'intérieur de l'Afrique.

Les anciens, cependant, avaient des notions sur cette vaste contrée : Hérodote, dans son voyage en Egypte, demanda aux prêtres s'ils avaient quelque connaissance de l'origine du Nil. On lui répondit que le Nil descendait de hautes montagnes qui se trouvaient près du soleil et qui étaient toujours couvertes de neiges.

Hérodote ajoute qu'il ne croit pas à cette assertion, parce qu'il est impossible qu'il y ait de la neige sous le soleil. La raison donnée par Hérodote prouve l'exactitude de son récit, puisqu'il ne voulait pas admettre comme vraie la réponse qu'il attribue aux prêtres de l'Egypte, assertion que nos météorologistes ne peuvent plus nier aujourd'hui.

D'anciennes cartes portugaises indiquent dans la région équatoriale l'existence de grands lacs donnant naissance à des fleuves. Le commerce des esclaves, dont le fatal développement remonte à la colonisation européenne de l'Amérique et aux besoins des harems musulmans, est la cause de l'ignorance où l'on est resté de la géographie africaine.

Il s'agit actuellement de faire entrer dans le monde civilisé un continent trois fois plus grand que l'Europe entière.

On connaissait déjà les côtes de l'Afrique parce que le commerce y avait successivement établi des comptoirs, mais l'intérieur était un continent abandonné.

Faisons rapidement le tour de la carte d'Afrique.

Vous avez, à l'entrée du détroit de Gibraltar, le Maroc, l'Algérie, Tunis; vous voyez le golfe de Cabès, où le commandant Roudaire a étudié les moyens de faire pénétrer la mer jusqu'au pied de Biskra. Certaines personnes, ignorantes ou malveillantes, déclarent que ce projet ne pourra être mis à exécution, qu'il faut reléguer cette mer intérieure au rang des fables et qu'au reste elle ramènerait l'Europe au régime glacial par suite de l'évaporation qu'elle produirait.

Quoique les chotts algériens et tunisiens représentent 50 fois le bassin des lacs amers de l'isthme de Suez — que je trouvais dans les mêmes conditions lorsque l'entreprise du canal y a introduit la mer, — il n'en est pas moins vrai que le problème à résoudre est le même, avec cette différence que, en ce qui concerne l'évaporation, les pluies et la végétation, le résultat serait 50 fois plus favorable.

J'ai assisté aux premiers incidents de l'expédition d'Alger, ayant avec moi Youssouf, le Tunisien, qui, depuis, est devenu un de nos meilleurs généraux africains. A cette époque, chacun reconnaissait que l'autorité française ne pouvait s'éloigner de la mer. C'est de cette idée qu'est venue l'établissement des cercles militaires qui protègent les provinces d'Oran, d'Alger et de Constantine. Nous ne sommes donc aujourd'hui garantis efficacement que contre la mer; mais c'est dans les agglomérations de populations situées loin d'elle que se forment les révoltes; nous ne serons donc complétement les maîtres que lorsque nous pourrons avoir dans le sud, au bas des versants fertiles de l'Aurès, des vaisseaux naviguant sur une mer de 20 à 40 mètres de profondeur sur une étendue de cent lieues, de Cabès à Biskra.

Ce que je conseille au commandant Roudaire, pour l'exécution de son projet, c'est de ne réclamer aucune subvention gouvernementale; j'ai la conviction que les pêcheries de la mer intérieure, les passages des barques et des navires, ainsi que les cultures des terres environnantes faisant partie de la concession, suffiront pour rémunérer un capital de 30 à 40 millions.

Après l'État de Tunis, vous passez, en suivant le golfe de la grande Syrte, devant Tripoli et vous voyez les côtes basses de l'Égypte. La colonne dite de Pompée et le phare font découvrir Alexandrie. Plus loin, les bouches du Nil : Rosette et Damiette. Le grand fleuve du nord de l'Afrique parcourt en ligne droite mille lieues, quinze cents au moins avec ses détours. Il y a peu d'années encore. on ne connaissait son cours que jusqu'au 3ᵉ degré. Dans un voyage que je fis à Karthoum en 1857, je fis connaître à l'Académie des sciences que, d'après des témoignages d'indigènes musulmans ayant voyagé de la région des lacs jusqu'à la mer Rouge pour accomplir le pèlerinage de la Mecque, on pouvait naviguer sur ces lacs avec des navires plus grands que ceux sur lesquels ils avaient pris passage dans la mer Rouge.

C'est trois ans après, que les Burton, les Speke, les Grant, partis de Zanzibar, découvrirent le lac Tanganika, le lac Victoria et le lac Albert.

Laissant les bouches du Nil, vous entrez dans la mer Rouge et vous apercevez bientôt les montagnes d'Abyssinie, où vivent 14 millions de chrétiens dont l'histoire, datant de la reine de Saba et de Salomon, est des plus intéressantes. La descendance de Salomon et des douze prêtres (umbares) choisis par les douze tribus d'Israël y existe encore. A cette époque, tout le pays fut converti au judaïsme par la reine de Saba, revenant de Jérusalem ; ces Abyssins, plus tard, embrassèrent le christianisme sous la régence d'une reine — Hélène, — qui fit adopter par son peuple les lois religieuses décrétées par saint Athanase, évêque de Memphis et d'Alexandrie.

Le pays Gallas, dont le nom vient, a-t-on dit, d'une tribu gauloise, entoure l'Abyssinie. C'est un pays à découvrir. Au sud du détroit de Bab-el-Mandeb, est la côte de Zanguebar. Le sultan qui siége dans l'île de Zanzibar a accepté des traités pour l'abolition de la traite et favorise les voyageurs qui se rendent dans l'intérieur du continent.

C'est de là que sont partis Cameron et Stanley à la suite du grand Livingstone, le premier des hardis pionniers de la civilisation qui ait déchiré les voiles de l'Afrique équatoriale.

Cameron, après Livingstone, a traveisé l'Afrique de l'est à l'ouest, depuis ¿l'océan Indien jusqu'à l'établissement portugais de Benguela sur l'océan Atlantique.

Stanley a pu suivre tout le cours du Congo jusqu'à son embouchure. Ce voyage, des plus importants, sera peut-être l'un des plus fructueux qui aient été faits dans l'intérieur de l'Afrique.

Arrivé sur la côte atlantique, Stanley, ne voulant pas abandonner les cent cinquante serviteurs nègres qui, sur les quatre cents engagés à Zanzibar, l'avaient courageusement suivi et avaient résisté à trente-deux combats et aux fatigues du voyage, s'embarqua avec eux et les ramena à Zanzibar.

Lorsque Stanley nous a raconté ce généreux et noble exploit, à la Sorbonne, le jour où la Société de géographie lui décernait une grande médaille d'or, sa voix a été couverte des mêmes applaudissements que vous venez de répéter.

De chaque côté de la carte d'Afrique, vous voyez deux tableaux représentant d'après nature une attaque de village et une chaîne d'esclaves.

La chasse à l'homme produit par an 40,000 captifs et elle cause la perte de 400,000 individus. Il n'y a donc pas d'entreprise plus humanitaire que celle dont le roi des Belges a pris l'initiative. Elle compte actuellement douze associations. Nous organisons l'association française. La France ne doit pas rester en arrière de ce mouvement civilisateur.

L'intérieur de l'Afrique n'est donc plus une terre mystérieuse. Aujourd'hui nous n'avons qu'à y entrer. Il suffit d'apporter notre concours à l'association internationale.

Grâce aux efforts persévérants du khédive d'Égypte Ismaïl et aux succès pacifiques obtenus par le général Gordon, auquel le khédive a délégué tous ses pouvoirs, l'autorité égyptienne est reconnue jusqu'àu lac Albert, à un degré nord de l'équateur; et, certainement, si le comité français de l'Association internationale africaine peut former une station scientifique et hospitalière qui ira tendre la main aux missions anglaise, belge, italienne, allemande, autrichienne, etc., le centre de l'Afrique deviendra bientôt une contrée qui, communiquant avec les mers par le Nil, le Congo, le Zambèze et l'Ogowaï, contribuera grandement à la prospérité et à la pacification du monde.

Elu président du comité français, j'émets le vœu que nous occupions dans cette nouvelle croisade un rang qui honorera notre pays. Le continent africain, trois fois plus grand que notre Europe, ouvre un vaste champ à l'activité française. Rappelons-nous que nos pères ont conquis et colonisé les premiers le Canada, la Louisiane, la Martinique, la Guadeloupe, Saint-Domingue, les îles de France et de Bourbon, l'Inde, le Sénégal, l'Algérie. Que la jeunesse française, si intelligente et si courageuse, tourne ses regards au delà d'un horizon borné; qu'elle agrandisse son pays en contribuant à la connaissance des parties du monde qui attendent de nous, non par la force, mais par la civilisation, le travail et les échanges, le rachat de leurs misères et de leur isolement.

EXTRAIT DU CATALOGUE

L'Egypte est, si l'on excepte les colonies européennes, le seul pays de l'Afrique où l'agriculture et le commerce aient pris un grand développement : le travail libre des fellahs produit plus dans ce petit coin de terre que le travail des deux cents millions de nègres qui peuplent le reste du continent; et cependant ce n'est pas le seul qui doive attirer l'attention des Européens. Si, en effet, une obscurité profonde enveloppe encore toute l'Afrique centrale, on sait cependant, à n'en pas douter, par les récits des voyageurs, que la fertilité de son sol est grande et qu'elle est riche en forêts, en mines, en produits de toutes sortes. Il est grandement à souhaiter que l'exemple de l'Egypte soit suivi par les autres pays africains, mais pour cela il faut que l'Europe s'intéresse à ce monde si plein d'avenir et pourtant si barbare encore.

Ouvrir à la civilisation l'Afrique tropicale, percer les ténèbres qui enveloppent ses populations, étudier les ressources immenses de son sol, tel est le but qu'il est urgent d'atteindre le plus promptement possible, tel est le but que l'Association internationale africaine cherche à favoriser par l'établissement de stations hospitalières et scientifiques; son action, toute pacifique, aura pour effet ultérieur de contribuer à amener la suppression de la traite des nègres, principale cause de la barbarie où le centre de ce continent est encore plongé et de donner au commerce les débouchés qu'il réclame à grands cris. Toutes les nations européennes ont donné leur adhésion à cette œuvre éminemment utile dont la généreuse initiative est due au roi des Belges, et partout des comités nationaux ont été constitués dans le noble but d'y coopérer de tous leurs efforts.

Le but de l'exposition faite par le comité national français de l'Association africaine est de montrer au public de tous les pays que la découverte scientifique de l'Afrique centrale est à faire, que la cause principale de la barbarie où cette partie du continent est encore plongée, n'est autre que la traite des nègres, enfin, que si dans un pays aussi fertile des contrées couvrant à peine le sixième de la surface totale envoient en Europe des produits divers pour près d'un milliard de francs, on ne saurait prévoir quel essor prendrait le commerce le jour où toute l'Afrique serait ouverte à la civilisation.

La grande carte où sont tracés les itinéraires des divers Européens qui ont voyagé en Afrique, montre au premier coup d'œil que tout est encore à faire, tant au point de vue géographique qu'au point de vue géologique, zoologique et botanique dans les trois quarts de ce vaste continent; c'est l'étude scientifique des régions inconnues que veut entreprendre l'Association africaine. Il faut en effet, tout d'abord, avoir une carte exacte de tout le continent et connaître toutes ses productions végétales et minérales.

Les deux panneaux peints à l'huile en camaïeu reproduisent quelques-unes des tristes scènes auxquelles a trop souvent assisté l'illustre Livingstone pendant ses longs voyages dans l'Afrique centrale. L'un représente une chaîne d'esclaves; quelques-uns de ces malheureux ont la fourche au cou, et la plupart ont les mains liées par une corde; à gauche, on voit l'un d'eux qui, tombant de fatigue et trop faible pour marcher, est tué d'un coup de hache par un des conducteurs de la caravane, furieux de la perte qu'il subit. Au centre, une mère refusant de prendre un fardeau qui l'eût empêchée de porter son enfant encore à la mamelle, voit brûler la cervelle du pauvre petit. Dans l'autre est figurée une razzia de nègres; pendant la nuit, au clair de lune, une bande de *gelabas* surprend un village; aux cris qu'ils poussent, aux coups de fusil qu'ils tirent, les habitants effrayés cherchent à se sauver; les uns sont appréhendés, faits prisonniers et liés pour être emmenés sur les marchés, d'autres sont tués en essayant de fuir.

Les premiers hommes civilisés qui ont mis le pied dans le centre de l'Afrique, au lieu d'apprendre à ses habitants à mettre en valeur les richesses immenses du sol, y ont introduit, par l'appât d'un gain dérisoire, cette odieuse coutume. Aujourd'hui encore, quarante mille esclaves sont arrachés annuellement à la région des lacs pour être vendus au loin, et ces quarante mille individus ne sont que le triste reste d'un demi-million de malheureux que la guerre civile fomentée par cet abominable commerce, que les fatigues de la route, que les tortures de toutes sortes font périr chaque année. Cette dépopulation effrayante s'oppose au développement de l'agriculture et de l'industrie ; la méfiance qui règne naturellement entre les tribus voisines arrête tout commerce. Qu'on compare la prospérité actuelle de l'Égypte et l'état si lamentable dans lequel se trouve l'Afrique centrale, et l'on se rendra compte de ce qu'il y a à faire.

Les trophées de vêtements, de zagaies, d'instruments aratoires, de tambours et de guitares, d'ustensiles divers qui garnissent une partie des murs préalablement couverts de peaux de girafe, de lion, de panthère et d'antilope, montrent dans quel état de barbarie sont encore plongées les populations de l'Afrique centrale. Si l'on excepte les deux boucliers du Darfour, dont les ornements métalliques sont d'un bon effet, et une corne d'ivoire sculptée avec art, les autres objets, tels que les hideux fétiches du Gabon, les instruments de musique primitifs, entre lesquels nous devons citer le balafon ou harmonica nègre, le mortier, les vases en bois, les tissus en fil de palmier, les couteaux de formes bizarres, les boucliers en jonc ou en peau de girafe, d'éléphant, de rhinocéros. les instruments aratoires, sont la preuve de l'abaissement dans lequel vivent les malheureux habitants de ces contrées.

Enfin, une vitrine, surmontée d'une petite carte d'Afrique, dont les parties teintées en rose montrent les seules régions exploitées par le commerce européen, qui forment à peine la sixième partie de sa surface totale, renferme des échantillons des principaux produits qui sont ou qui pourraient être utilement importés en Europe. L'exportation annuelle de ces produits dépasse :

	Millions de francs.
1° Pour les minerais et gemmes.	53
2° Pour les céréales.	86
3° Pour les légumineuses.	31
4° Pour les sucres.	113
5° Pour les denrées coloniales (café, cacao).	1 1/2
6° Pour les épices (muscades, clous de girofle, poivre, vanille).	6 1/2
7° Pour les graines oléagineuses.	155
8° Pour les textiles végétaux.	181
9° Pour les matières tinctoriales (cochenille, orseille, indigo).	23
10° Pour les bois (ébène, santal, liége, etc.).	9
11° Pour les gommes (copal, caoutchouc, gutta-percha).	12
12° Pour les vins.	8 1/2
13° Pour les laines et les soies.	166
14° Pour la cire.	1 1/2

15° Pour les cuirs et les peaux. 11 1/2
16° Pour les produits divers, tels qu'ivoire, plumes d'au-
  truche et d'autres oiseaux, écailles, éponges, corail,
  poisson salé, légumes secs, tabac, etc. 49 1/2

Ainsi l'importation en Europe des produits de l'Afrique, dont on a pu réunir des échantillons dans la vitrine placée au centre de la salle, dépasse 850 millions, et comme les chiffres donnés dans le tableau précédent sont des minima, comme, en outre, la collection, réunie un peu à la hâte, n'est pas tout à fait complète, et que, de plus, il n'a pas été possible de se procurer de renseignements précis sur tous les pays qui sont en relations commerciales directes avec nos ports, on peut affirmer, sans crainte de se tromper, que la valeur des matières exportées actuellement en Europe est à peu près d'un milliard de francs. Quel essor prendra le commerce avec l'Afrique le jour où on pourra exploiter le continent tout entier, au lieu d'en être réduit, comme aujourd'hui, au sixième de la surface totale !

Pour qui voudra examiner avec soin les cartes, tableaux et produits réunis dans la salle de l'Association africaine, il ne pourra y avoir de doute sur l'utilité de l'œuvre dont le roi des Belges a pris la généreuse initiative.

Il est grand temps, en effet, que la lumière se fasse sur l'Afrique centrale et qu'on aille y porter la civilisation pour le plus grand bien de tous, Européens et nègres. Si ce vaste continent, en effet, excite avec raison, depuis longtemps, la curiosité scientifique, il y a là, en outre, pour la charité, un vaste champ où elle peut s'exercer plus utilement que partout ailleurs, et le commerce y trouvera pour ses produits les débouchés nouveaux dont il a tant besoin et qu'il réclame.

NOTICE DU COMITÉ FRANÇAIS

La génération vivante a vu, dans sa jeunesse, la carte de l'Afrique aussi blanche dans la partie centrale que la carte du pôle.

Grâce aux découvertes faites depuis vingt-cinq ans par d'intrépides explorateurs, une ère nouvelle s'est enfin ouverte pour cette terre trois fois plus grande que le continent européen ; malgré la richesse naturelle d'un sol privilégié, elle est devenue, par le trafic des nègres, une terre de servitude, de misère et de désolation.

Dès 1816, le Niger avait été l'objectif des voyageurs, mais son origine n'est pas encore bien connue. Il n'en est pas de même des sources du Nil, ce roi des fleuves; ses populations riveraines reconnaissent maintenant l'autorité égyptienne, grâce aux persévérants efforts du khédive Ismaïl et de son courageux lieutenant Gordon-Pacha.

Sous l'équateur, des montagnes de 6,000 mètres, couvertes de neiges éternelles, donnent naissance à de grands lacs qui alimentent au nord le Nil et ses affluents ; au sud, le Congo, le Zambèze et l'Ogowaï, dont l'estuaire fait partie de notre possession du Gabon.

Le Congo ou Zaïre, avec un débit de 50,000 mètres cubes à la seconde (200 fois plus grand que celui de la Seine), se précipite avec une telle force dans l'océan Atlantique, que ses eaux ne se confondent avec celles de la mer qu'à 100 kilomètres de son embouchure et qu'elles restent douces jusqu'à 25 kilomètres.

Le Zambèze, dont la connaissance est un des titres de gloire de Livingstone, est la troisième des colossales artères qui descendent du plateau de l'Afrique centrale, après avoir fécondé des territoires d'une fertilité inouïe.

C'est dans ce riche et salubre plateau que la chasse à l'homme est le plus largement organisée.

En totalisant le mouvement des battues et de l'enlèvement des esclaves, on arrive au chiffre annuel de 40,000 captifs, sans compter ceux qui succombent dans les attaques des villages, dans les massacres et les incendies. Sir Bartle Frere a évalué la destruction de la vie humaine dans l'intérieur de l'Afrique, par suite de la traite, à 400,000 individus par an.

Il est grand temps que les nations civilisées s'associent pour mettre un terme à d'aussi abominables iniquités, non par la force, mais par l'œuvre toute pacifique de la civilisation.

Tel est le but de l'*Association internationale* fondée par S. M. le roi des Belges.

Son principal objet est d'établir des stations permanentes dans l'Afrique centrale, stations hospitalières et scientifiques.

L'Afrique tropicale a été longtemps considérée comme un pays voué par nature à la stérilité. Trop heureux, croyait-on, ceux de ses habitants qu'on en arrachait pour les transporter dans nos colonies. Un coin du voile qui couvrait ce vaste continent a été soulevé. Ce n'est pas un désert aride que de hardis voyageurs ont trouvé ; c'est une région fertile, populeuse, appelée, dès que la civilisation y aura pénétré, à une grande prospérité. La charité chrétienne, toujours prête à secourir les grandes infortunes, aura là un champ illimité où elle poura s'exercer plus utilement que partout ailleurs ; le commerce y trouvera pour ses produits des débouchés nouveaux que notre industrie réclame.

La France ne peut pas reculer devant la mission civilisatrice à laquelle la convient les récentes découvertes des Livingstone, des Baker, des frères Poncet, des Compiègne, des Burton, des Speke, des Grant, des Stanley, des Cameron, des Schweinfurt, etc.

Pourquoi une obscurité profonde enveloppe-t-elle depuis tant de siècles ce pays qui est tout un monde, que peuplent plus de cent millions d'habitants, dont la fertilité excite l'admiration des voyageurs, qui est riche en forêts, en mines, en produits agricoles de toutes sortes ? C'est que la plaie hideuse de l'esclavage le ronge de temps immémorial ; c'est que les premiers Européens et Asiatiques qui y ont mis le pied, au lieu d'apprendre aux nègres les moyens de mettre en valeur les richesse de leur sol, y ont introduit, par l'appât d'un gain immoral et destructeur, l'odieuse coutume de la traite.

Aujourd'hui encore, malgré l'abolition de l'esclavage dans les colonies européennes, des milliers d'esclaves sont enlevés annuellement du centre de l'Afrique pour être vendus sur les marchés musulmans. Les sources de la population africaine se trouvent ainsi taries. Le jour où la traite sera entièrement abolie, on trouvera dans ce vaste continent, au lieu du bétail humain qui en est aujourd'hui le principal article d'échange, des ressources considérables qui augmenteront dans une grande proportion les forces de production et de consommation de l'Europe entière.

Ouvrir à la civilisation la seule partie du globe où elle n'a jamais pénétré, percer les ténèbres qui l'enveloppent, mettre un terme aux horreurs de la traite, étudier les ressources du sol, persuader et protéger les peuplades qui viendront s'abriter autour du drapeau pacifique de nos établissements hospitaliers, telle est la croisade digne de notre époque que commence l'*Association internationale africaine* dont le roi des Belges a pris la généreuse initiative et pour laquelle on demande le concours de tous, sans distinction de foi ni de nationalité.

Mais pour rendre au monde civilisé *ce continent perdu*, il faut d'abord proclamer la nécessité de le connaître au point de vue géographique.

Après les conférences tenues à Bruxelles, le Comité français de l'Association africaine, formé sous le haut patronage du Maréchal Président de la République, a voulu profiter du rendez-vous donné à toutes les nations à l'Exposition universelle de Paris. Il a consacré dans la maison égyptienne du *Trocadéro* (jardin) une salle destinée à faire connaître son entreprise.

Parmi les Comités des divers pays qui sont de formation toute récente, le Comité belge a réuni, en quelques mois, des souscriptions qui ont constitué une rente annuelle de 100,000 fr.

C'est un noble exemple que voudront suivre tous les Français. Une nation riche et généreuse comme la nôtre ne se laissera pas devancer par les autres dans une voie aussi féconde. Le Gouvernement lui-même ne pourra pas se désintéresser d'une question aussi grave. Il n'est donc pas douteux que le Comité français ne reçoive son appui; et certainement, le concours pécuniaire de la Législature qui sera invoqué par d'éloquents orateurs ne lui fera pas défaut pour établir la première station hospitalière française dans la région des lacs équatoriaux.

Une souscription a été ouverte aux Sociétés de géographie de Paris, de Bordeaux, de Lyon, de Marseille; à la Compagnie du canal de Suez (à Paris, 9, rue Clary), et dans toutes les villes de France, chez les correspondants scientifiques du Ministère de l'Instruction publique.

Le Président élu par le Comité français de l'Association Internationale Africaine,

FERDINAND DE LESSEPS

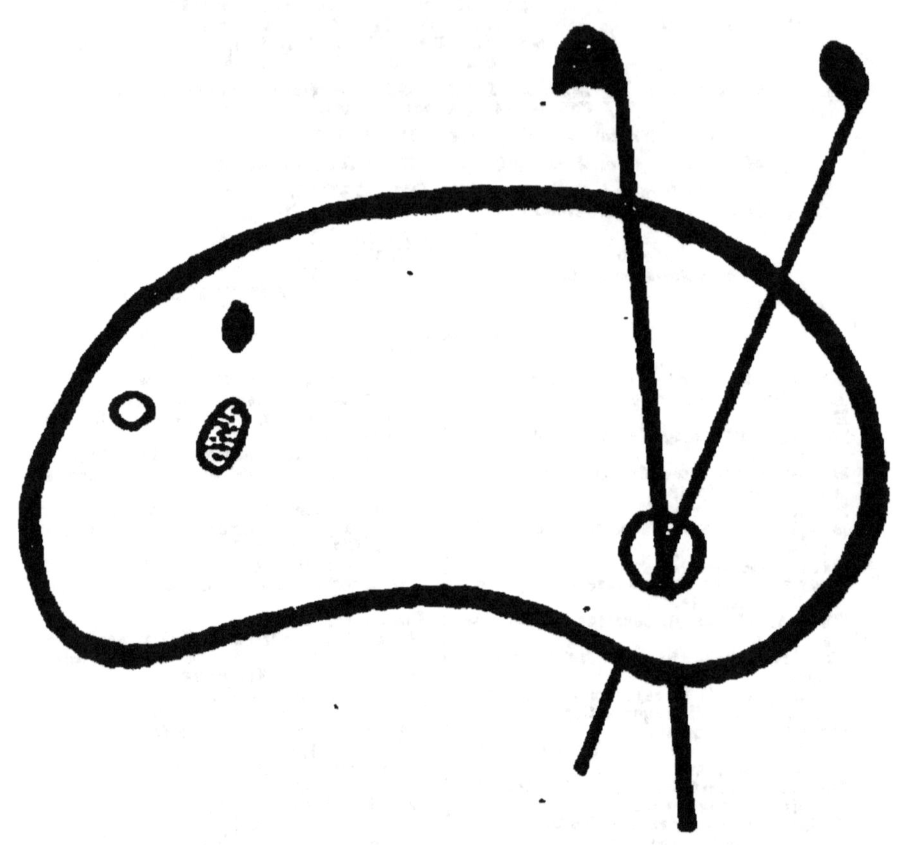

9 782014 445893